AF321904

PÉTITION

DE

M. SCHATTENMANN,

DIRECTEUR DES MINES DE BOUXWILLER,
MEMBRE DU CONSEIL GÉNÉRAL DU DÉPARTEMENT DU BAS-RHIN.

Aux citoyens Président et Membres de l'Assemblée nationale.

Citoyens Représentans,

La question des ouvriers ou des travailleurs n'est pas nouvelle. Elle s'agite en France depuis longtemps, et surtout depuis l'accroissement rapide de la population et l'extension extraordinaire qu'a prise l'industrie. Tout le monde a été frappé de la surabondance des bras et de l'accumulation des ouvriers dans les grands centres industriels, et tous les hommes philantropes et éclairés ont recherché les moyens de remédier aux inconvénients de ce nouvel ordre de choses, qui a pris de grands développements en France et chez presque toutes les autres nations de l'Europe.

Lorsque les hommes pratiques se sont occupés à venir en aide à la classe ouvrière, différentes sectes, telles que les Saint-Simoniens, les Fouriéristes, les Phalanstériens, et en dernier lieu les Socialistes, ont produit les théories les plus téméraires, en proposant de bouleverser hardiment l'ordre social contrairement à toute règle de prudence et d'expérience de tous les temps.

En 1842, au congrès scientifique de Strasbourg, la question suivante a été posée : « Par quel moyen législatif ou autre peut-« on faire cesser l'isolement dans lequel se trouvent les ouvriers, « les attacher aux grands établissements industriels, comme le « propriétaire est attaché au sol, et contribuer à leur amélioration « sociale ! »

1848

Dans la discussion de cette question à la 4e section du congrès scientifique, les membres qui en faisaient partie se sont partagés en deux camps. D'un côté se trouvaient les hommes pratiques qui recherchèrent sérieusement l'amélioration du sort de la classe ouvrière, de l'autre les partisans des théories de Saint-Simon et de Fourier, dont les principaux partisans sont venus développer leur théorie qui peut se résumer en ce peu de mots : L'ordre des choses actuel est imparfait, il ne faut pas hésiter à le changer radicalement. L'un de ses organes est même allé jusqu'à dire que toute théorie vraie est susceptible d'une application pratique et qu'il est ainsi rationnel de commencer par établir la théorie pour ne s'occuper qu'après des moyens pratiques.

C'est absolument ce qu'a fait M. Louis Blanc, et malheureusement sous le patronage du gouvernement provisoire qui avait déclaré solennellement que le gouvernement devait à l'ouvrier du travail suffisamment retribué, et qu'ainsi il fallait abandonner le système détestable et anti-social de la libre concurrence et créer un ordre de choses nouveau diamétralement opposé à celui existant, qui est consacré par l'expérience de tous les temps.

J'ai repoussé ces théories dans un discours du 3 octobre 1842, dont je joins un exemplaire.

J'ai déclaré fausse l'argumentation que toute théorie vraie est toujours susceptible d'une application pratique. En effet, on a toujours admis qu'il y avait des théories spéculatives ou abstraites, et des théories susceptibles d'une application pratique.

Dans mon argumentation, j'ai suivi un principe entièrement opposé à celui des théoristes en commençant par scruter notre état social, pour n'examiner qu'après les moyens de remédier aux maux qui affligent les sociétés humaines.

J'ai dit aux partisans du phalanstère : Vous êtes assez nombreux pour vous réunir et former un établissement; et lorsque vous l'aurez créé et fait prospérer, que vous aurez démontré par la pratique l'exactitude de vos théories, vous aurez le droit d'en proposer l'application à la société tout entière : mais jusque là ıe doit repousser comme dangereuses vos théories abstraites

J'opposerai un argument semblable aux théories plus temeraires encore que M. Louis Blanc a prêchées le lendemain d'une révolution, et dans lesquelles on s'est malheureusement engagé, en éant les ateliers nationaux. Je proposerai que le gouvernement donne à M. Louis Blanc un ou plusieurs millions pour expérimenter pratiquement ses théories par la création de quelques établissements modèles qu'il pourra faire diriger par des ingénieurs et d'autres hommes de son choix, puisqu'il a eu l'adresse de dire que lui n'est que le *penseur*, et non l'homme d'exécution.

Ainsi, en laissant au penseur le choix des hommes et des moyens d'exécution, il doit accepter l'épreuve pratique de ses théories et se reconnaître vainqueur ou vaincu, s'il triomphe ou s'il échoue.

La déclaration du gouvernement provisoire que la République devait un travail convenablement rétribué à tout ouvrier a causé autant de surprise que d'effroi à tout homme éclairé et pratique.

Je n'ai pas été moins douloureusement affecté pour ma part, en lisant dans le projet de Constitution, art. 7 :

« Le droit au travail est celui qu'a tout homme de vivre en tra-
« vaillant ; la société doit, par les moyens productifs et généraux
« dont elle dispose et qui seront organisés ultérieurement, fournir
« du travail aux hommes valides, qui ne peuvent s'en procurer
« autrement ; » Et dans l'art. 132 :

« Les garanties essentielles du droit au travail sont : La liberté
« même du travail, l'association volontaire, l'égalité des rapports
« entre le patron et l'ouvrier, l'enseignement gratuit, l'éducation
« professionnelle, les institutions de prévoyance et de crédit, et
« l'établissement par l'État de grands travaux d'utilité publique,
« destinés à occuper en cas de chômage les bras inoccupés. »

Ces articles contiennent la promesse formelle de la part du gouvernement de fournir du travail aux hommes valides qui ne peuvent s'en procurer autrement.

Il y a ici deux questions fondamentales à examiner :

1° Le Gouvernement a-t-il mission, d'après les principes du pacte social, de donner *directement* du travail aux ouvriers ?

2° Est-il en sa puissance de réaliser pareille promesse ?

Quand les hommes se sont constitués en société, ils ont sacrifié une portion de leur liberté en retour de l'avantage que leur présentent les rapports sociaux et l'existence d'un gouvernement chargé de protéger les personnes et les propriétés, et de régir la société conformément à ses intérêts généraux. Tous les membres de la société ont encore pris l'engagement de se soumettre au gouvernement légalement constitué, et de contribuer aux dépenses qu'exigent l'administration, la défense du territoire et les intérêts de la société.

Voilà les principes qui régissent les sociétés modernes, qui constituent les nations civilisées actuelles.

La liberté, l'égalité et la fraternité sont parfaitement applicables aux sociétés constitutionnelles formant corps de nation.

La liberté veut que chacun soit protégé dans sa personne, sa propriété et dans tous ses droits.

L'égalité exige la même justice pour tous; elle n'exclut pas une contribution proportionnelle à la fortune pour subvenir aux charges de l'État, mais elle ne permet pas de grever des membres de la société au profit d'autres membres, ni d'accorder certains priviléges.

La fraternité, dogme fondamental du christianisme, veut que les citoyens s'aiment et s'entr'aident; mais ce serait une singulière fraternité que celle qui donnerait à quelques membres de la société le droit d'imposer aux autres citoyens des conditions de travail et de salaire.

Il n'y a pas dans une République ou dans une société constitutionnelle de classe privilégiée. Tous les citoyens sont égaux devant la loi, et ont droit à tous les emplois. Il n'y a ni classe riche ni classe pauvre, bourgeois ou ouvriers: il n'y a que des citoyens égaux qui s'élèvent ou qui déchoient selon leur mérite et selon leur conduite.

Il me paraît donc évident que le gouvernement s'écarterait entièrement de sa mission sociale, s'il promettait du travail aux ouvriers qui en manquent et s'il se chargeait d'en régler les conditions. En assurant du travail, le gouvernement se constituerait nécessairement producteur. Ce serait là une atteinte grave et fondamentale au pacte social qui ne permet pas que le gouvernement, avec mission de protéger tous les intérêts et de faire les réglements généraux, devienne le concurrent des membres de l'association même qu'il est chargé de diriger. Un gouvernement producteur serait entraîné à devenir un gouvernement monopoleur, et cette conséquence immanquable démontre jusqu'à l'évidence dans quelles aberrations il se laisserait entraîner en devenant agriculteur, industriel et commerçant. Cette thèse n'a pas besoin de développement; car tout le monde comprend qu'un gouvernement monopoleur détruirait tout principe de liberté, et conduirait la société rapidement à sa ruine.

Si le gouvernement ne peut donc être producteur, comment

peut-il promettre du travail bien rétribué aux ouvriers? Ceux-ci ne manqueraient d'ailleurs pas de se présenter en masse, car la France et tous les autres pays surabondent de bras, et le travail qui est fréquemment insuffisant chez les particuliers manquerait à plus forte raison au gouvernement, qui n'a même pas de fonds à affecter à ces sortes de dépenses.

Lorsqu'il se présenterait plus d'ouvriers qu'il n'y a de travail, que ferait alors le gouvernement? Donnerait-il de l'ouvrage aux uns pour le refuser aux autres contrairement à l'égalité, ou paierait-il des ouvriers qui ne travailleraient pas? Dans ce dernier cas, l'affluence ne pourrait manquer de devenir immense ; le travail utile chez les particuliers serait abandonné comme cela est arrivé avec les ateliers nationaux, et il ne saurait en être autrement, car ces résultats sont la conséquence naturelle du faux principe que le gouvernement doit du travail aux ouvriers.

Le gouvernement doit sans doute favoriser le travail par des travaux d'utilité publique, mais qu'il ne fait que payer, parce qu'ils ont lieu par voie d'entreprises. La somme de ces travaux est cependant fort peu de chose en les comparant aux travaux de l'agriculture et de l'industrie. Il en résulte que les travaux du gouvernement n'ont qu'une faible importance, et que le gouvernement doit favoriser le développement des travaux par de bonnes lois économiques, et par les encouragemens qu'il donne aux établissemens de crédit et aux entreprises utiles.

Les gouvernements fondés sur la souveraineté du peuple, sur la liberté et l'égalité, sont essentiellement propres à favoriser le développement de toutes les facultés humaines et le perfectionnement de l'ordre social. Il faut toujours tendre vers le progrès et l'amélioration de la condition sociale, mais il ne faut pas se dissimuler que d'après les lois divines et humaines qui régissent la terre, nous vivons dans un monde essentiellement imparfait. L'homme sera toujours condamné à gagner son pain à la sueur de son front, et la société humaine sera toujours affligée de misères. Dans certaines circonstances, la somme de ces misères que la providence nous envoie sera tellement grande que les hommes seront impuissants d'y parer, et qu'ils ne pourront arriver qu'à atténuer le mal. L'homme qui dans sa présomption croirait pouvoir changer l'ordre social, réformer le monde et réglementer les évènemens par des doctrines abstraites, serait donc bien téméraire.

N'y aurait-il pas déraison à se refuser de tenir compte d'un ordre de choses consacré par l'immensité des siècles, et de vouloir s'affranchir de la condition humaine?

Voyons maintenant comment la société est constituée, comment elle vit et se perpétue.

La société est basée sur la famille, dont l'intérêt est le mobile principal qui crée et conserve la fortune. La richesse et l'ordre publics n'ont pas d'autre garantie. La collection des fortunes privées ne constitue-t-elle pas la fortune publique?

Ces principes, d'une vérité incontestable, montrent encore que le gouvernement doit s'abstenir d'intervenir dans les affaires qui sont du domaine privé et qu'il ne saurait assurer du travail à certaines classes de la société, car chaque famille sait seule convenablement trouver des moyens d'existence et régler l'ordre de ses affaires. Le gouvernement ne peut donc s'en mêler directement sans se créer des embarras inextricables.

L'esprit de famille n'exclut pas l'association pour certaines entreprises ou pour certains travaux. Lorsqu'il y a intérêt commun, concours de personnes et de capitaux pour une affaire spéciale, les résultats en reviennent toujours à la famille.

Les phalanstériens, les fouriéristes, etc., ont prôné l'économie de la vie commune et y ont vu un remède efficace aux maux de la société. Si la vie commune a des avantages, elle a aussi ses inconvénients en ce qui concerne la direction et le concours des associés, mais je ne balance pas à soutenir que l'esprit de famille est supérieur à l'esprit de l'association pour la vie commune, parce que l'esprit de la famille est fondé sur les liens du sang et sur les préceptes de la religion chrétienne. La famille offre d'ailleurs des garanties de moralité qu'aucune autre institution humaine ne pourra jamais donner.

Comment la famille résiste-t-elle aux revers qui frappent les sociétés humaines?

La famille bien gouvernée fait des efforts inouïs pour acquérir et conserver, et elle pare avec les économies qu'elle fait en temps prospères aux calamités qui viennent la trouver. La richesse même n'a pas d'autre élément que les efforts et l'esprit d'économie du chef de famille. Il n'est pas rare de voir tomber dans la misère l'enfant du riche lorsqu'il cesse d'être laborieux et économe. Quand il est arrivé dans cet état et qu'il est exposé à mourir de faim, que fait pour lui la société? Elle le secourt, mais elle 'lui laisse le soin de regagner une meilleure position.

Quelle est la manière d'être et de vivre des classes ouvrières, surtout de celle qui se trouve agglomérée dans les grands centres de population et d'industrie?

Ces ouvriers gagnent généralement, dans les temps prospères, des salaires assez considérables qui leur permettraient de faire des économies et de se créer des ressources pour les mauvais jours. Mais le plus grand nombre de ces ouvriers est dans l'habitude de dépenser tout ce qu'ils gagnent et même de faire d'autant moins d'économies que leur salaire est plus élevé. Lorsque le travail vient à manquer, ces ouvriers sont dans la misère et souvent dépourvus des moyens de subsistance nécessaires pour eux et leur famille. Il faut alors venir à leur secours parce que la société, d'après les lois divines et humaines, ne peut laisser mourir de faim aucun de ses membres. C'est un devoir sacré qu'il faut proclamer hautement.

Dans les petites localités, la bienfaisance privée et les établissements publics suffisent ordinairement pour subvenir aux besoins les plus indispensables des nécessiteux de la commune. Mais il n'en est pas de même dans les grands centres de population et d'industrie où les subventions du gouvernement sont souvent nécessaires. Je reconnais encore le droit et le devoir du gouvernement d'accorder ces subventions, mais je lui conteste le droit d'une intervention directe à l'égard du nécessiteux qui ne peut rien recevoir de sa main sous peine de faire dévier le gouvernement de sa mission et de l'entraîner dans des embarras inextricables; car dès que le gouvernement intervient directement il y a désordre, et chaque nécessiteux a un droit égal à des secours de sa main.

Les secours aux pauvres ou aux nécessiteux momentanés sont communaux de leur nature. La commune doit d'abord user de ses propres ressources, puis dans des cas exceptionnels, elle a droit à une subvention. La commune peut seule connaître ses pauvres et ses nécessiteux, et elle seule peut régler les secours d'une manière convenable.

En attribuant les secours aux pauvres et aux nécessiteux momentanés aux communes, il devient facile de les régler avec ordre et de satisfaire aux nécessités de tous les temps, surtout en organisant bien ces secours et en créant des réserves dans un esprit de prévoyance.

Je n'ai pas attendu l'avènement de la République pour m'occuper du sort des ouvriers et pour leur faire toute la somme de bien qu'il m'a été donné de réaliser dans la position où je me suis trouvé, et dans la limite des conditions de la nature humaine.

J'ai mûrement médité, dans ma longue carrière industrielle, sur les moyens d'atténuer les malheurs qui accablent les classes ouvrières dans les temps de crise qui se présentent périodiquement dans l'industrie, et d'une manière plus cruelle encore depuis que celle-ci a pris de si grands développements en France et dans les autres pays de l'Europe. La lutte devient chaque jour plus acharnée et plus terrible, et chaque gouvernement a pour devoir de faciliter à ses nationaux, par de bonnes lois économiques, une production à bon marché, afin de pouvoir soutenir la lutte avec 'autant plus d'avantage sur les marchés libres de l'étranger. Sous ce rapport, il faut reconnaître qu'il reste beaucoup à faire en France, où des prohibitions et des droits excessifs ont développé outre mesure certaines industries qui produisent à prix élevés, et qui se trouvent par cela même hors d'état de vendre leurs produits à l'étranger lorsque la consommation intérieure ne leur présente plus de débouché suffisant.

De bonnes lois économiques, qui dégrèveront les objets de première nécessité, favoriseront les développements de l'agriculture, de l'industrie et du commerce, donneront des voies de transport plus économiques et rendront l'argent plus abondant, diminueront le taux de son intérêt, accroîtront infailliblement la prospérité publique et amélioreront le sort de la classe ouvrière. Mais l'effet de ces mesures, qu'on ne peut pas précipiter, ne sera que successif, et on se ferait illusion si l'on y voyait un remède radical à la situation fâcheuse des travailleurs.

Cette situation doit être changée, dans l'intérêt même des ouvriers comme dans celui de la société, pour laquelle elle présente de grands dangers.

Mon opinion à cet égard était déjà arrêtée en 1842, où je l'ai consignée dans mon discours déjà cité du 3 octobre, tenu dans la quatrième section du congrès scientifique de Strasbourg. Cette opinion n'a fait que se fortifier depuis, et les évènements de ces derniers temps m'ont convaincu que le gouvernement doit se hâter de réaliser la mesure que j'ai proposée, et qui repose sur un principe fort simple et d'une exécution facile.

Les calamités qui affligent périodiquement les classes ouvrières sont dues en grande partie à l'imprévoyance de celle-ci. Si l'ouvrier, et principalement celui des grands centres de population et d'industrie, économisait une partie des salaires considérables qu'il gagne dans les temps prospères, il aurait une réserve suffisante pour les temps de crise, et sa condition serait aussi bonne que celle des autres classes de la société qui ne s'enrichissent et ne parent aux temps calamiteux que par l'esprit d'ordre, d'économie et de prévoyance. Mais puisque beaucoup d'ouvriers n'ont pas d'esprit, de prévoyance et d'économie, le gouvernement a le droit et même le devoir de créer des institutions pour le dépôt volontaire de réserve et le dépôt forcé dans certaines circonstances.

J'ai développé ce moyen dans mon discours en question, et qui consiste à décréter des caisses de réserve des ouvriers pour les grands établissements industriels et même pour les villes. Pour donner à cette institution de la stabilité et assurer son avenir, il faut la placer sous le régime des établissements communaux et lui donner ainsi une administration régulière.

Une caisse de secours et de réserve pour chaque grand établissement aurait ses avantages; mais quand l'établissement viendrait à s'éteindre, l'institution communale hériterait de l'actif de cette caisse et de ses obligations.

Je pense qu'une retenue forcée de 5 p. 100 sur les salaires et un concours de 5 p. 100 des bénéfices nets du fabricant, suffiraient pour couvrir les secours nécessaires à donner aux ouvriers pendant les mauvais jours. Ces établissements pourraient d'ailleurs être subventionnés par la commune, le département et par l'État, afin de créer des réserves suffisantes pour parer aux événements. Des subventions données de cette manière pourraient recevoir une application régulière et devenir efficaces; elles auraient le grand avantage de mettre le gouvernement directement hors de cause et de laisser à chaque localité le soin de pourvoir aux nécessités locales.

Je crois pouvoir me dispenser de discuter la constitution des caisses de secours et de réserve et d'entrer dans tous les détails du mécanisme de ces sortes d'établissements qui sont analogues.

Salut et respect,

Bouxwiller, le 10 juillet 1848.

SCHATTENMANN.

DISCOURS

PRONONCÉ

PAR M. SCHATTENMANN,

DIRECTEUR DES MINES DE BOUXWILLER,

MEMBRE DU CONSEIL GÉNÉRAL DU DÉPARTEMENT DU BAS-RHIN,

LE 3 OCTOBRE 1842,

DANS LA QUATRIÈME SECTION DE LA DIXIÈME SESSION DU CONGRÈS
SCIENTIFIQUE, SUR LA QUESTION SUIVANTE :

*Par quel moyen, législatif ou autre, peut-on faire cesser l'i-
solement dans lequel se trouvent les ouvriers, les attacher
aux grands établissements industriels, comme le propriétaire est attaché au sol, et contribuer à leur amélioration
sociale ?*

MESSIEURS,

Les théories de Saint-Simon et de Fourier ont été suffisamment débattues devant vous pour que je puisse me dispenser de
les discuter. Les partisans de la Phalange ont défendu ce système avec une entière conviction. Ils ont développé avec élo-
quence et talent des théories entièrement spéculatives ; mais ar-
rivés à l'application, ils ont avoué unanimement leur impuissance
d'en établir les moyens d'exécution pratique, et ils se sont bor-
nés à y appeler les méditations de l'assemblée.

M. de Pompéry a soutenu que toute théorie vraie était toujours
susceptible d'une application pratique et qu'il était ainsi rationnel
de commencer par établir la théorie, pour ne s'occuper qu'après
des moyens pratiques.

Cette argumentation n'est pas exacte, car on a toujours admis
des théories spéculatives ou abstraites et des théories susceptibles
d'une application pratique.

L'expérience de tous les temps a démontré le danger des théories abstraites, qui égarent si facilement des hommes généreux.

Je suivrai une marche entièrement inverse à celle adoptée par

M. de Pompéry, en scrutant d'abord notre état social, pour n'examiner qu'après les moyens de guérir un mal dont tout le monde reconnaît la gravité.

Depuis que le monde existe, l'intérêt privé a toujours été le mobile principal qui a procuré à l'homme le bien-être matériel. La fortune des familles n'a jamais eu d'autres bases, et l'on sait que la richesse des États se compose de la collection des fortunes privées.

Les gouvernements modernes ont la mission d'assurer les droits et la liberté des citoyens et de faire des réglements d'intérêt public. Jamais on ne leur a reconnu le droit de s'immiscer dans les affaires d'intérêt privé, de réglementer les ménages, le travail, l'agriculture, l'industrie, le commerce ou toutes autres branches et la répartition des produits, ou profits, ou pertes. L'axiôme de laisser faire a toujours été reconnu comme juste et avantageux, et jamais la proposition d'une immixtion du gouvernement dans les transactions privées n'a été sérieusement agitée, et l'on en reconnaîtrait l'inapplicabilité dès qu'on en examinerait les détails d'exécution.

S'il est vrai que l'intérêt privé est le mobile principal qui porte l'homme à travailler, à acquérir et à conserver, on bouleverserait nécessairement la société en le détruisant et en y substituant un intérêt collectif et une communauté de travail.

La communauté de travail présente des impossibilités d'exécution ; car, qui assignera la tâche à chaque individu et qui en déterminera le produit? qui possédera et conservera les objets mobiliers, qui vendra le produit du travail et qui en répartira le montant? qui pourvoira aux besoins journaliers des membres de l'association, qui enfin couvrira le déficit qui ne peut manquer de se produire dans une association où chacun cherchera à jouir et conséquemment à dépenser, quand il faudrait économiser et produire.

Tout le monde comprend qu'un pareil ordre de choses présenterait des embarras inextricables, et qu'il est complétement impraticable dans des limites restreintes, et à plus forte raison il ne saurait former la base d'un nouvel ordre social.

Avant d'attaquer et de détruire la nécessité individuelle du travail et le mobile de l'intérêt privé, qui garantissent dans l'état actuel de la société la subsistance journalière de l'ouvrier, la fortune des familles et conséquemment celle de l'État, il faudrait au moins prouver qu'on a quelque chose de mieux et de praticable à y substituer.

Les partisans de la Phalange se sont prudemment abstenus d'aborder ce terrain ; mais, malgré leurs brillantes théories, ils me permettront de repousser leur système jusqu'à ce que l'exécution pratique en aura été démontrée. Si leurs assertions sont vraies, les partisans de la Phalange sont sans doute déjà nombreux, que dix-huit cents seulement d'entre eux se réunissent donc dans un phalanstère, pour mettre en évidence la possibilité pratique et le succès d'une pareille entreprise. Jusque-là je ne quitterai pas la réalité pour de vaines théories, et en recherchant les remèdes au malaise social, je ne me livrerai qu'à l'examen de moyens applicables à l'état actuel de la société.

Le malaise des ouvriers a deux causes principales :

1° Le défaut de travail,

2° L'insuffisance des salaires.

Le défaut de travail est accidentel, il a ordinairement pour cause des crises commerciales ou industrielles, ou la cessation de grands travaux publics.

L'insuffisance des salaires est ordinairement le résultat d'une concurrence qui impose des nécessités aux fabricants et qui n'est pas sans compensation pour les ouvriers, qui savent fort bien faire augmenter leur salaire dans les temps prospères.

L'exemple de l'Angleterre montre les dangers d'une production exagérée, excitée par un système protecteur poussé à l'excès. La France, qui a adopté plus tard le même système, est heureusement moins avancée dans cette carrière, et la même disproportion n'y existe pas, comme en Angleterre, entre sa population industrielle et agricole.

Dans les actes du gouvernement, comme dans l'opinion publique, un retour du funeste système de prohibition et de droits protecteurs outré s'est manifesté ; mais il est urgent d'abandonner entièrement les prohibitions et de modérer successivement et graduellement les droits de douane à l'entrée. Le système de protection absolue, de prohibition et de droits excessifs a pu séduire lorsque la production intérieure était encore au-dessous de la consommation du pays ; mais aujourd'hui qu'elle a dépassé celle ci dans presque toutes les branches, la crise est d'autant plus terrible, que des établissements développés par un stimulant artificiel, élevés en quelque sorte en serre chaude, luttant sur les marchés de l'intérieur, qui ne peuvent absorber la totalité de leurs produits, sont obligés de s'entredétruire, parce qu'un prix de production trop élevé ne leur permet pas d'aborder les marchés étrangers. C'est au prix des plus grands sacrifices, et en imposant des privations aux ouvriers par la réduction forcée des salaires, que quelques industries ont pu réduire suffisamment les prix de revient pour concourir avec leurs produits à l'étranger et assurer du travail à leurs ouvriers. Il importe de lever les prohibitions et de persévérer dans ¦la réduction successive des droits protecteurs, afin d'asseoir l'industrie nationale sur des bases qui puissent lui permettre de soutenir la concurrence à l'étranger. La France, qui possède une population active et intelligente qui excelle dans les objets de goût, ne restera pas en arrière dans la lutte industrielle générale qui se trouve engagée sur toutes les parties du globe; elle acquerra ainsi une position nouvelle, qui assurera du travail à sa population et qui établira un échange des productions agricoles et industrielles entre toutes les nations que le système prohibitif et de protection a plus ou moins isolées, pour le plus grand dommage de tous.

L'abandon du système prohibitif, qui est anti-commercial, en ce qu'il neutralise les échanges des productions des diverses contrées, rétablira les relations commerciales entre toutes les nations sur leurs véritables bases et resserrera la confraternité des nations, que les peuples civilisés appellent de tous leurs vœux.

Le travail et la classe ouvrière peuvent encore être favorisés par la réduction des impôts qui frappent les objets de première nécessité, tel que le sel, par la création de canaux, de chemins de fer et enfin par l'amélioration de toutes les voies de circulation.

L'honorable M. Lecerf a proposé, comme moyen de remédier au malaise actuel des ouvriers, une association entre ceux qui possèdent, pour venir au secours de ceux qui ne possèdent pas, et il a pensé que cette association devait être communale. Ces sortes de secours sont déjà organisés et rendent de grands services à la société; mais ils ont l'inconvénient d'être des actes de charité, et il faudrait arriver à quelque chose de plus direct et de plus efficace pour obtenir la solution de la question que nous discutons.

L'industrie de sa nature est plus mobile que la possession du sol, l'application du moyen devra nécessairement se ressentir de cette différence de position.

Je pense, Messieurs, que les ouvriers pourraient être attachés aux grands établissements industriels comme le propriétaire l'est au sol, en généralisant la création de caisses de secours et en leur donnant une existence légale.

Tout établissement industriel pourrait être tenu à établir une caisse de secours pour ses ouvriers, laquelle serait alimentée :

1° Par une retenue de 5 pour 100 sur le salaire des ouvriers ;

2° Par l'abandon également de 5 pour 100 des bénéfices nets de l'établissement.

Ces parts contributives seraient un maximum et pourraient être réduites, lorsque la caisse de secours aurait acquis un fond de réserve suffisant et qu'il ne s'agirait plus que de couvrir les besoins courants.

Ces moyens seraient assez puissants pour parer aux mauvais jours de l'industrie, car on aurait certainement dans la marche naturelle des affaires à opposer vingt jours de prospérité industrielle à un jour de revers.

Les caisses de secours auraient bientôt un fonds considérable dans les industries qui jouiraient d'une prospérité durable, et le temps créerait nécessairement ce fonds partout, car il est de l'essence des statuts de pareilles institutions de ménager un fonds de réserve.

Les caisses de secours seraient administrées par les fabricants et les délégués des ouvriers, sous la surveillance d'un commissaire du gouvernement.

La comptabilité et le placement de fonds seraient soumis aux règles qui régissent les établissements publics. Ces placements ne seraient point exclusifs d'acquisitions de propriétés foncières sous l'autorisation de l'autorité compétente, toutes les fois que l'occasion s'en présenterait dans le voisinage d'une fabrique, et que ces terres louées aux ouvriers offriraient l'avantage de leur procurer des objets de première nécessité et d'utiliser leurs moments de loisir et ceux de leur famille.

L'alliance du fabricant avec ses ouvriers se trouverait ainsi heureusement réalisée. L'ouvrier serait attaché à l'établissement, parce que la caisse de secours assurerait son sort et celui de sa famille, en cas de maladie ou de crise ; le fabricant aurait une par-

faite tranquillité et serait moins exposé à se voir quitté par ses
ouvriers toutes les fois qu'un salaire supérieur pourrait leur être
offert ailleurs.

Les secours auraient naturellement lieu pour les cas de mala-
dies, de réduction ou de cessation du travail. Ils n'humilieraient
plus l'ouvrier comme l'aumône, car il ne toucherait que se part à
un fonds commun, auquel il concourt.

L'ouvrier ne peut être aussi intimement attaché à la fabrique
que le propriétaire l'est au sol, parce qu'il est dans sa destinée de
s'élever selon sa capacité et sa bonne conduite. S'il ne trouve pas
dans l'établissement, où il est engagé, l'avancement auquel il a
droit de prétendre, il peut le chercher ailleurs ; dans ce cas, il peut
perdre momentanément ses droits à la caisse de secours, mais il
pourra toujours les reprendre, et s'il retourne dans sa commune,
s'il y est malade et sans travail, il pourrait encore aspirer à certains secours, qui seraient proportionnés au temps qu'il aurait
passé antérieurement à l'établissement.

Il convient de prévoir dès aujourd'hui l'extinction d'un établissement industriel et le sort de la caisse de secours. Celle-ci devra
toujours secourir viagèrement les anciens ouvriers de la fabrique non replacés ou sans travail ; mais le fonds de la caisse
devra alors appartenir à la caisse communale des ouvriers.

Cette disposition conduit naturellement à la création de caisses
de secours communales, que les subventions communales et les
dons de citoyens généreux pourraient encore accroître et dans lesquelles il serait possible de recevoir les versements volontaires des
ouvriers qui acquerraient en retour le droit à des secours que
les statuts détermineraient.

Dans les discussions du sujet qui nous occupe on a beaucoup
parlé d'association entre le fabricant et les ouvriers, d'acquisitions
forcées au profit de l'ouvrier au moyen de retenues et d'immobilisation de terrains. Je crois que ces vues, qui sont bonnes en théorie, sont inapplicables dans l'exécution. La nature des choses et
notre législation s'opposent à ces combinaisons. L'association a ses
conditions, il est dans son essence que celui qui participe aux bénéfices doit aussi supporter sa part de pertes ; il a de plus le droit
d'un concours ou d'une influence plus ou moins directe sur les
affaires sociales. Or, il serait impossible de rendre l'ouvrier res-
ponsable des pertes et de lui accorder une participation ou une

influence quelconque dans la direction des affaires ; l'ouvrier qui vit de son salaire serait hors d'état de supporter des pertes et il ne serait pas possible de soumettre son existence au sort de spéculations industrielles. Les dispositions et l'esprit de notre législation ne permettraient pas de retenir indéfiniment la propriété mobilière et foncière de l'ouvrier, et tout le monde comprend qu'une mesure qui aurait ce but toucherait aux plus graves questions du droit de propriété et de liberté assuré à tous les citoyens. L'immobilisation des terrains offre une question qui n'est pas moins grave, car ce serait une exception à la règle générale, préjudiciable au trésor, qu'elle priverait de droits de succession considérables, et si cette nature de propriété s'accroissait, elle envahirait le sol au profit d'une classe au préjudice de toutes les autres, ce serait en un mot le rétablissement de la main morte. Dans le système de simples secours que je vous propose, aucune de ces difficultés ne se présente et la législation peut lui donner la sanction sans violer aucun principe et sans altérer aucune disposition fondamentale de notre droit public.

Messieurs, vous n'attendez pas de moi que j'entre dans de plus grands développements, car vos moments sont comptés ; mais je suis prêt à répondre à l'instant même à toute objection qui pourrait être faite, à toute explication qui pourrait être demandée sur la proposition que j'ai l'honneur de vous présenter.